Je suis
Pierre

S. Camilla Bates

French translation by : Sabrina Gushue

ISBN: 9798588765084

ACKNOWLEDGEMENTS

This book would not exist without the much-appreciated work of Sabrina Gushue. Thank you for helping put this book in the hands of French students and teachers.

CHAPITRE 1:

JE SUIS PIERRE

Je suis un garçon. Je ne suis pas une fille.

Je suis grand. Je ne suis pas petit.

J'ai les cheveux courts. Je n'ai pas les cheveux longs.

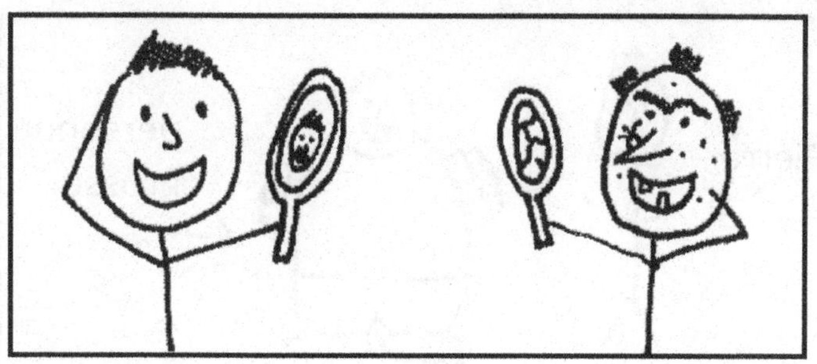

Je suis beau. Je ne suis pas moche.

Je suis intelligent. J'ai beaucoup d'idées.

Je suis drôle aussi.

Joke : What are the two oldest letters in the alphabet? It's obvious:
A, G (âgé = old)

Je suis mince. Je ne suis pas gros.

Je suis fort. J'ai de gros muscles.

Je suis sportif. Je cours dans le parc.

Je cours vite. Je cours le matin.

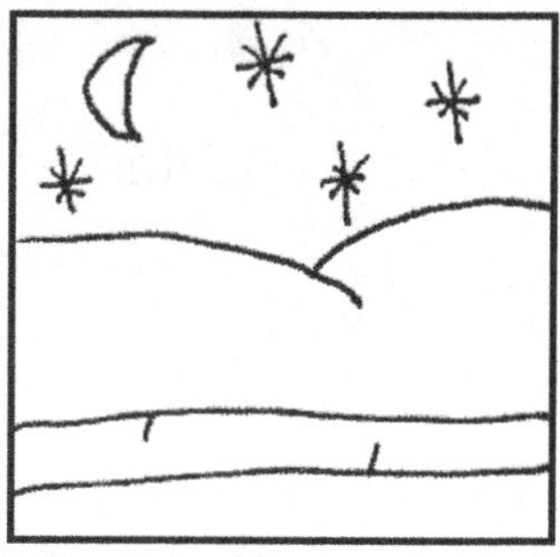

Je cours dans l'après-midi. Je ne cours pas pendant la nuit.

J'habite au Canada dans la province de l'Ontario.

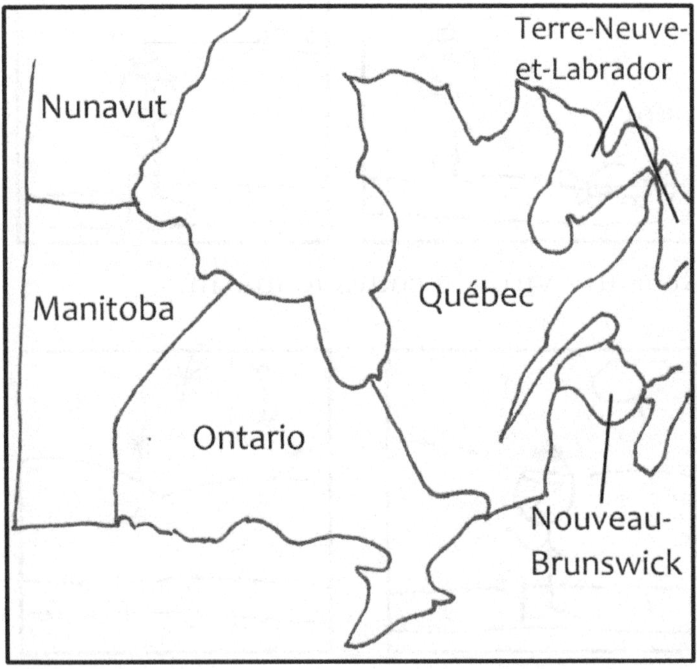

J'habite en Ontario. Mais je ne viens pas de l'Ontario. Je viens du Québec.

Ma mère habite au Québec. Mon père habite au Québec aussi.

Je n'habite pas au Québec. J'habite dans un appartement en Ontario.

Je vis avec mon copain Marc.

J'ai dix-neuf ans.

Mon anniversaire est le quinze août.

Je fais une fête pour mon anniversaire.

Ma couleur préférée est le bleu.

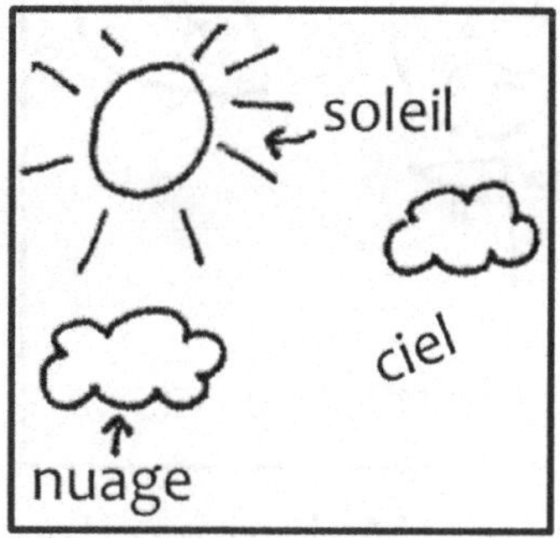

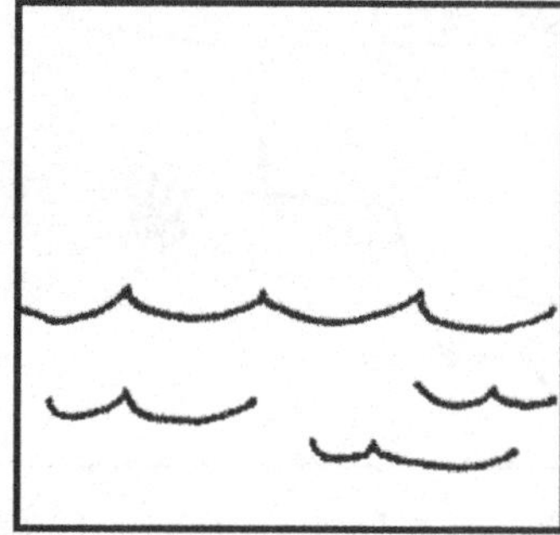

Le ciel est bleu. L'eau est bleue.

J'ai les yeux bleus. J'aime la couleur bleue !

J'aime beaucoup de choses. Mais il y a des choses que je n'aime pas.

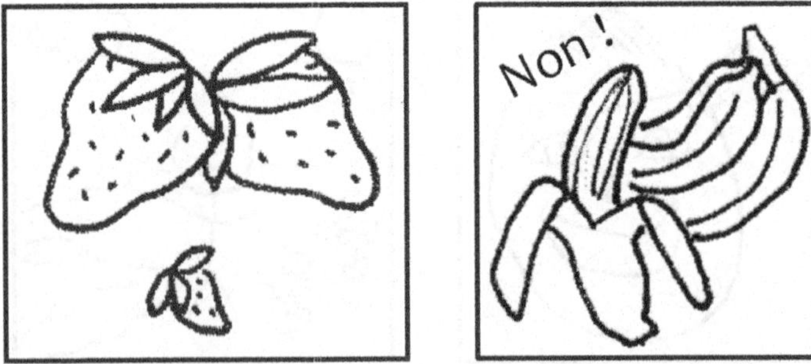

J'aime les fraises. Je n'aime pas les bananes !

J'aime faire du camping dans la montagne.

J'aime aussi marcher en montagne.

Je n'aime pas rencontrer des ours en montagne !

J'aime lire des livres.

Je n'aime pas écrire ! Je n'aime pas chanter !

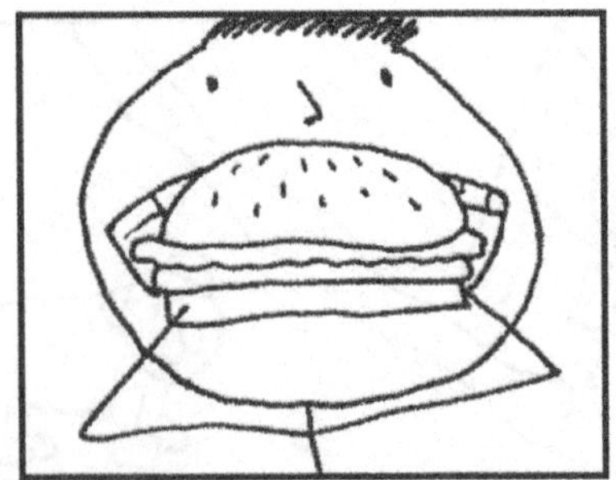

J'aime manger. Je mange beaucoup d'hamburgers.

J'aime les gâteaux. Je n'aime pas le chocolat.

Je n'aime pas faire la vaisselle !

J'aime danser. Mais je ne danse pas sur la table.

Tournez, tournez !

Place your left hand on the left page,
grasp the corner of the right page with
your right thumb and finger and quickly
flip the right-hand page back and forth.

Je danse avec des amis !
Tournez, tournez !

Danse, danse, danse !

J'étudie les beaux-arts à l'université.

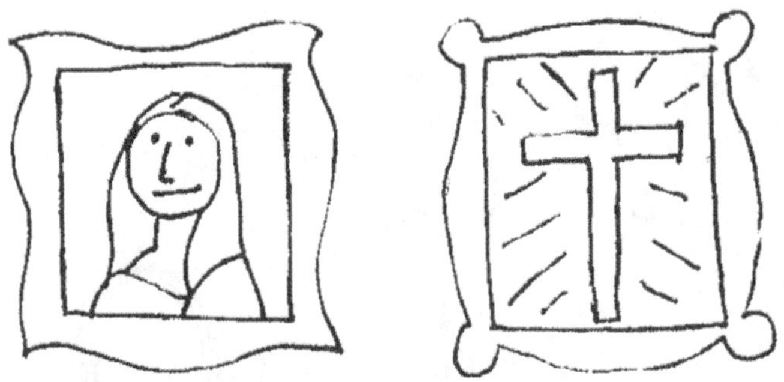

Je suis étudiant en art classique et religieux.

J'étudie l'art surréaliste et l'art abstrait.

Le soir, je travaille dans un restaurant
élégant.

J'aime travailler parce que je gagne
beaucoup d'argent.

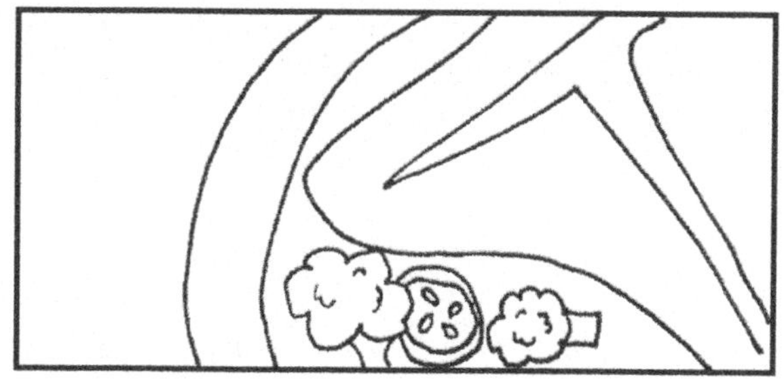

En plus, la nourriture est délicieuse !

Je suis Pierre et je suis intéressant.

CHAPITRE 2:

LA FAMILLE DE PIERRE

Il y a cinq personnes dans ma famille.

Ma maman s'appelle Élise.

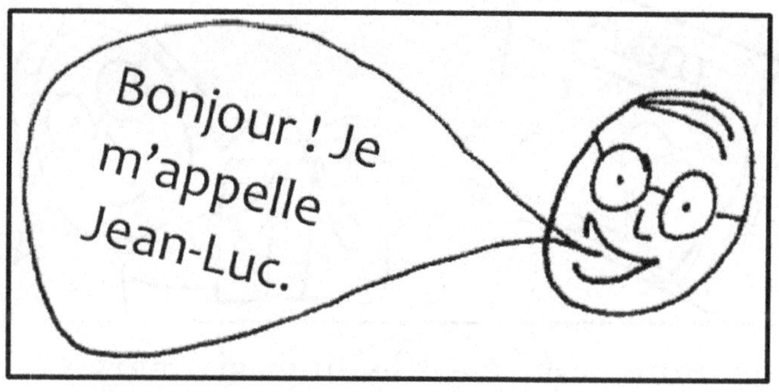

Mon papa s'appelle Jean-Luc.

Ma sœur s'appelle Suzie. Mon frère
s'appelle Éric.

Ma maman, Élise, a quarante-sept ans.

Son anniversaire est le vingt-six mars.

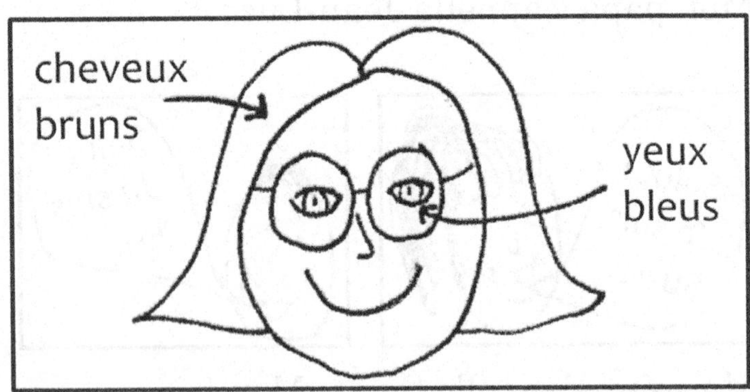

Elle a les cheveux bruns et les yeux bleus.

Ma mère est prof.

Ma mère est stricte.

Mais ma maman est affectueuse aussi.

Ma mère est active.

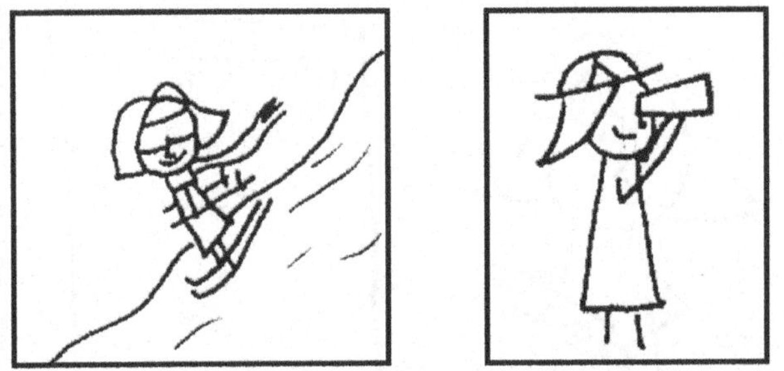

Elle aime faire du ski. Elle aime explorer.

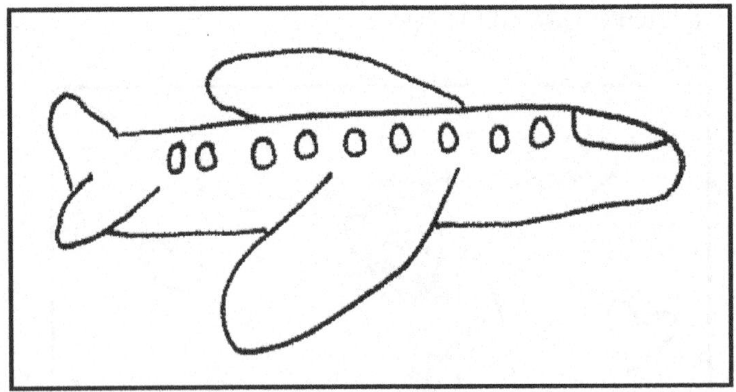

Son activité préférée est de voyager.

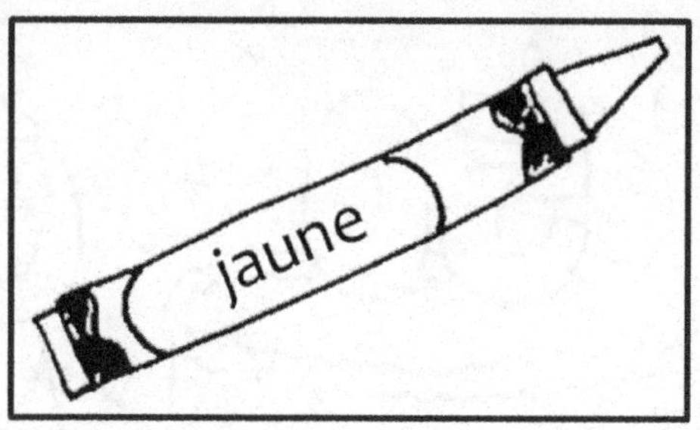

La couleur préférée de ma maman est le jaune.

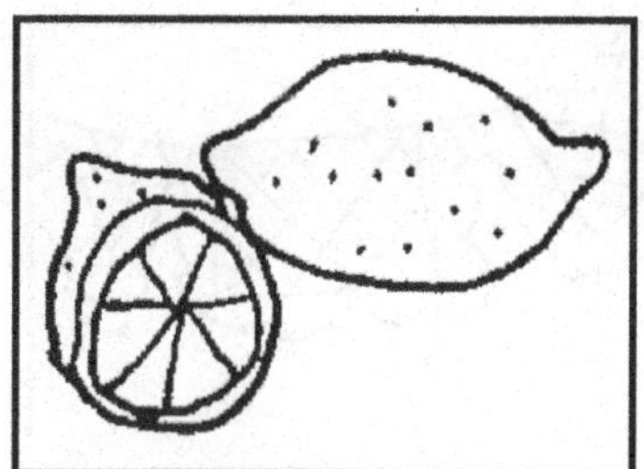

Les citrons sont jaunes. Le soleil est jaune.

J'aime beaucoup ma maman !

Mon papa, Jean-Luc, a cinquante ans.

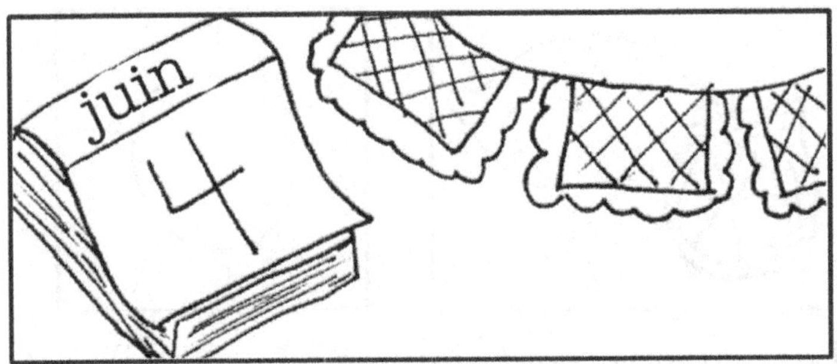

Son anniversaire est le quatre juin.

Mon papa a les cheveux noirs et les yeux marron.

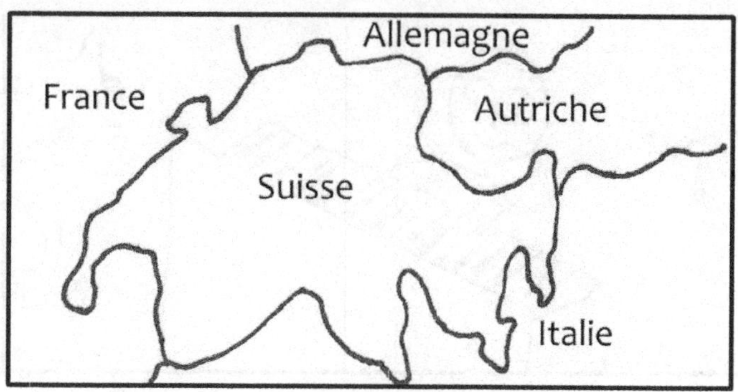

Mon papa vient de la Suisse.

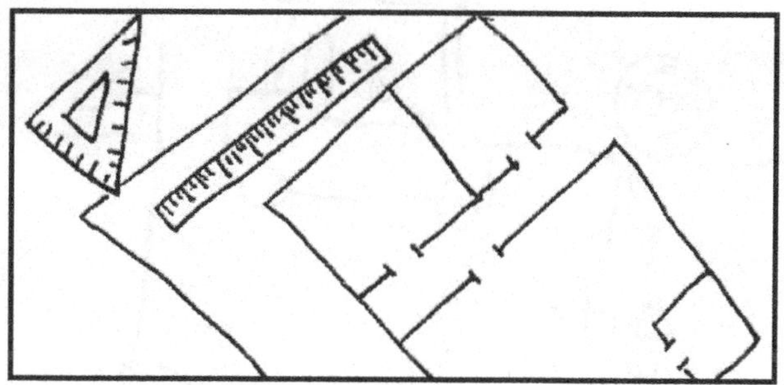

Mon père est architecte.

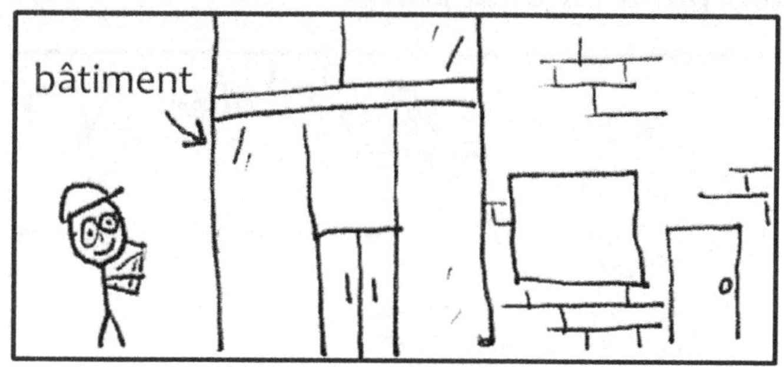

Il conçoit des bâtiments pour des entreprises.

Mon papa joue du piano.

Mon papa joue au golf.

Mon papa lit des romans d'amour.

Mon papa aime regarder les films d'horreur.

Mon papa aime travailler dans le jardin.

Il n'aime pas les chats ! Il n'aime pas les bouchons !

Ma sœur, Suzie, a vingt et un ans.

Son anniversaire est le trente avril.

Suzie a les cheveux noirs et les yeux bleus.

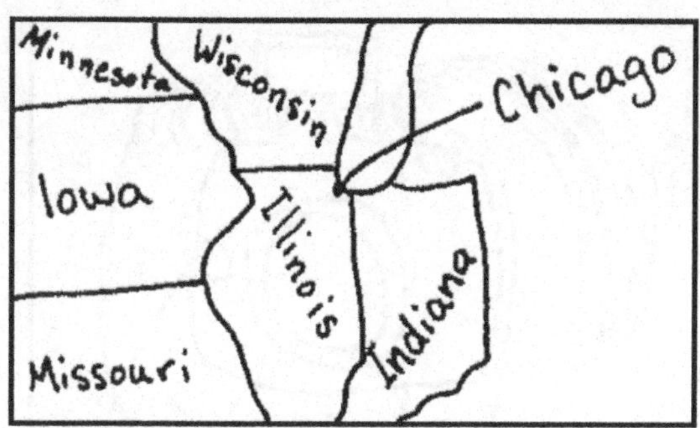

Suzie habite à Chicago.

Suzie a un chat blanc.

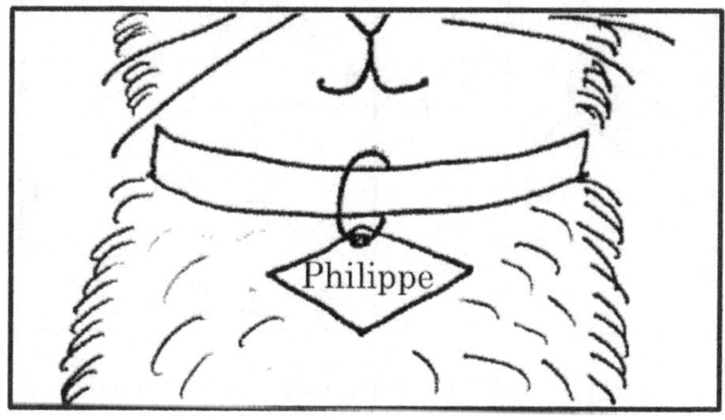

Son chat s'appelle Philippe.

Suzie est photographe.

Suzie fait des photos de familles.

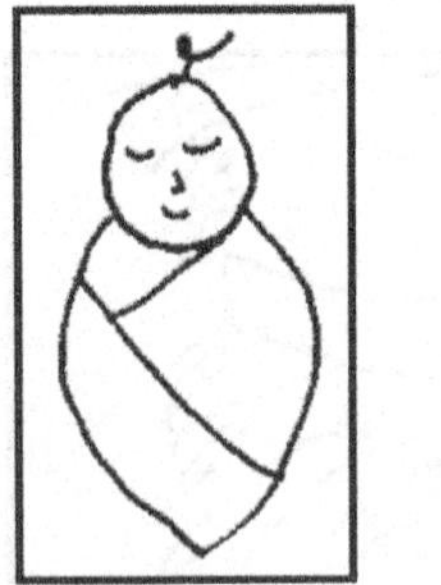 

Elle prend des photos de bébés et d'animaux.

Suzie aime recevoir des fleurs.

Suzie aime faire la cuisine.

Suzie n'aime pas faire du shopping !

Mon frère, Éric, a douze ans.

Son anniversaire est le neuf novembre.

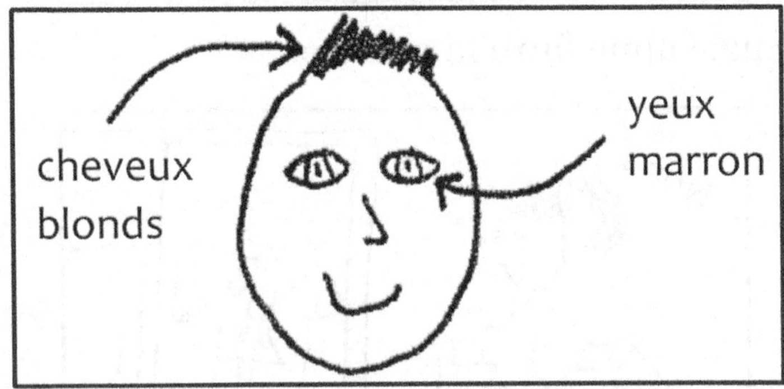

Éric a les cheveux blonds et les yeux marron.

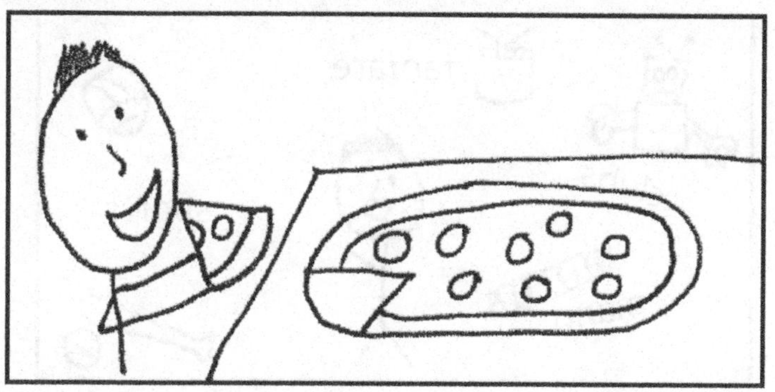

Le plat préféré d'Éric, c'est la pizza.

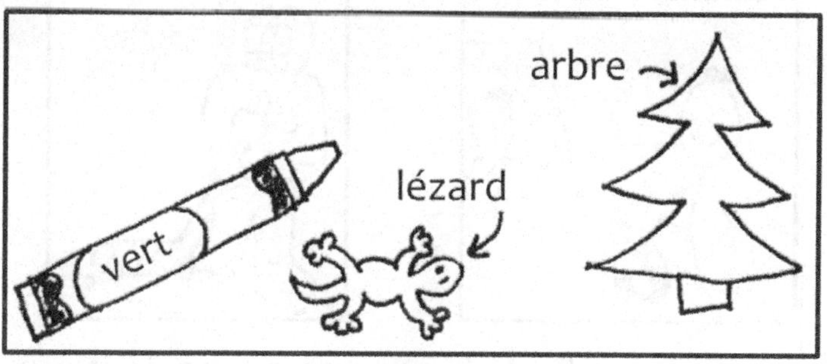

Le vert est la couleur préférée d'Éric.

Le lapin est son animal préféré.

Éric participe à beaucoup d'activités.

Éric joue au foot. Éric joue au hockey sur glace.

Il joue le tambour dans la fanfare. Et il chante dans la chorale.

Mon frère fait des arts martiaux.

Tournez, tournez !

Pif, paf !

Ma famille est géniale !

CHAPITRE 3:

PIERRE ET SES AMIS

J'ai beaucoup d'amis. Je suis très populaire.

Mes meilleurs amis sont Marc, Léa, Nalini et Christian.

Nalini a la peau, les yeux et les cheveux foncés.

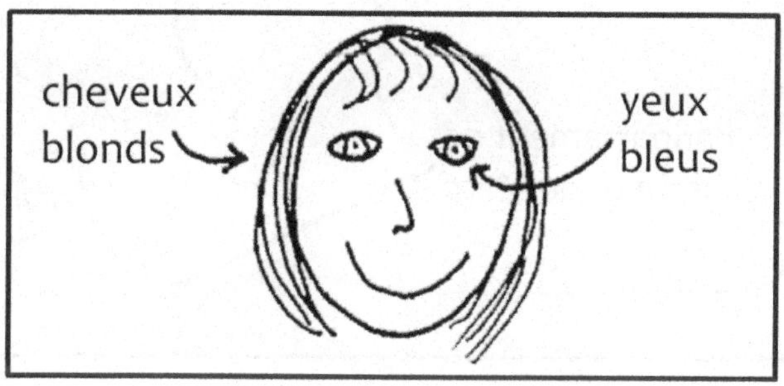

Léa a la peau, les yeux et les cheveux clairs.

Marc est petit et Christian est grand.

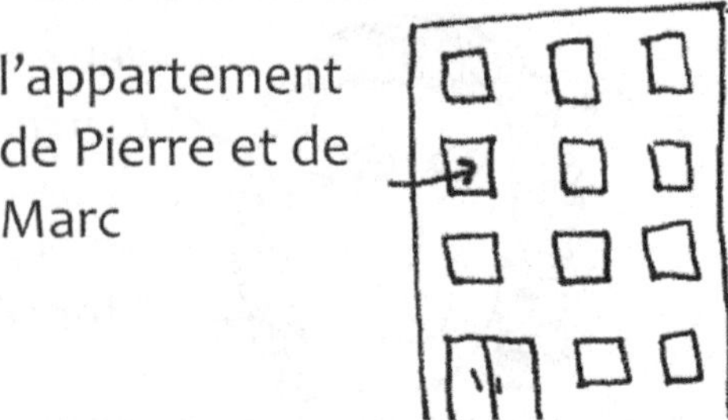

J'habite avec mon copain Marc.

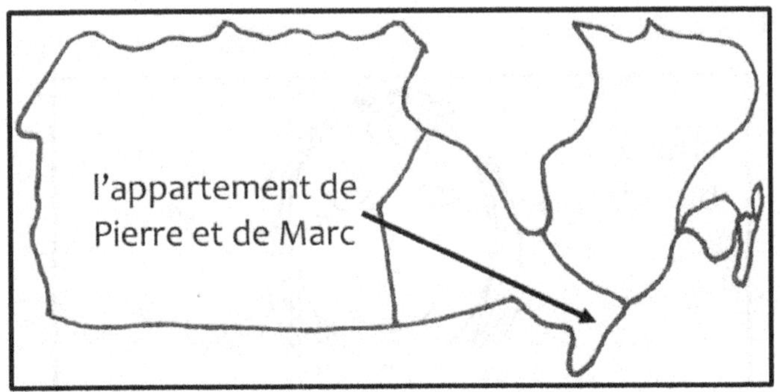

Marc et moi, nous habitons dans un appartement en Ontario.

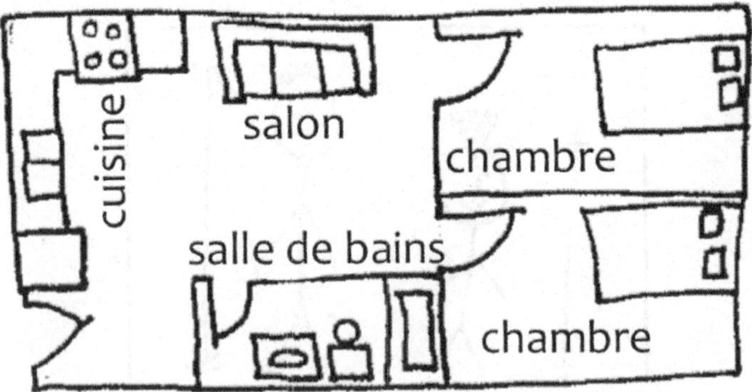

Notre appartement est petit.

Je travaille dans un restaurant élégant.
Marc travaille dans un restaurant aussi.

Marc est cuisinier dans une pizzeria.

Marc cuisine très bien.

Léa va à l'université.

Elle est dans mon cours d'histoire de l'art.

Léa fait des sculptures. Je préfère la peinture.

Léa travaille comme réceptionniste dans un bureau.

Elle est polyglotte. Elle parle l'espagnol, le français, l'anglais et le japonais.

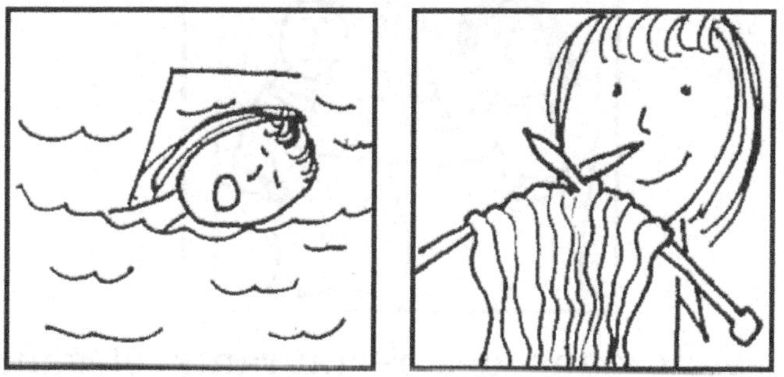

Léa aime nager et tricoter.

Nalini et Christian sortent ensemble.

Ils se promènent sur la plage parce que c'est romantique.

Ils vont dans des restaurants élégants parce que c'est romantique.

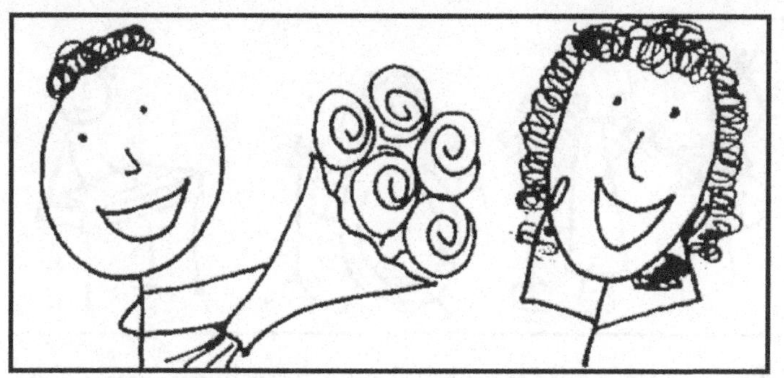

Christian offre des roses à Nalini.

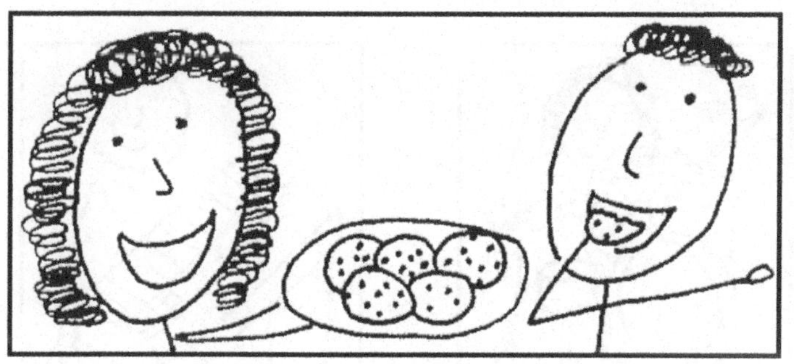

Nalini donne de petits gâteaux à Christian.

Ils s'enlacent. Ils s'embrassent.

Mes amis jouent dans un groupe de musique.

Nalini joue de la batterie. Christian joue du piano.

Marc joue de la guitare et Léa chante.

Le groupe de musique de mes amis s'appelle « Feu Musical ». Dans leurs concerts, mes amis jouent de la musique et chantent.

Mais moi, je ne joue pas d'instrument et je ne chante pas.

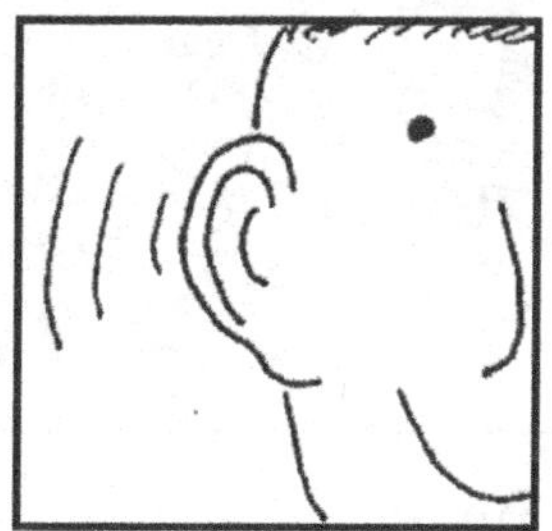

J'écoute la musique et je danse.

Mes amis et moi, nous sommes très actifs.

Nous courons dans le parc.

Nous nous promenons dans les bois.

Nous nageons dans le lac.

Nous allons à la pêche dans la rivière.

Nous faisons de la musculation dans le gymnase. Tournez, tournez !

Un, deux !

J'aime mes amis !

Je suis Pierre et j'ai une vie excellente.

À plus tard !

GLOSSAIRE
FRANÇAIS - ANGLAIS

a - has
à - in/at/to
À plus tard - See you later
abstrait - abstract
actifs - active
active - active
activité - activity
activités - activities
affectueuse - loving/affectionate
âgé - old
aime - like
aime - likes
allons à la pêche - (we) fish
amis - friends
amour - romance/love
anglais - English
animal - animal
animaux - animals
anniversaire - birthday
ans - years
août - August
appartement - apartment
arbre - tree
architecte - architect
argent - money
art - art
arts martiaux - martial arts
au - at
au revoir - goodbye
aussi - also
avec - with
avril - April
bananes - bananas
bâtiments - buildings
batterie - drum set
beau - handsome/attractive
beaucoup - a lot

beaux-arts - fine arts
bébés - babies
bien - well
blanc - white
bleu - blue
blonds - blonde
bois - woods / forest
bonjour - hello
bouchons - traffic
brun - brown
bureau - office
c'est - it is
camping - camping
chambre - bedroom
chante - sing
chante - sings
chantent - (they) sing
chanter - to sing
chapitre - chapter
chat - cat
cheveux - hair
chocolat - chocolate
chorale - choir
choses - things
ciel - sky
cinq - five (5)
cinquante - fifty (50)
citrons - lemons
clair - clear/obvious
clairs - light
classique - classic
clubs - clubs
comme - as
concerts - concerts
conçoit - designs
copain - friend
couleur - color
courons - (we) run

cours - class/course
cours - run
courts - short
cuisine - cook
cuisine - kitchen / cooks
cuisinier - chef
dans - in
danse - dance
danser - to dance
de - of
délicieuse - delicious
des - some
deux - two (2)
dix-neuf - nineteen (19)
donne - gives
douze - twelve (12)
drôle - funny
du - from
écrire - to write
élégant - elegant
elle - she
en - in
en plus - also
ensemble - together
entreprises - companies
espagnol - Spanish
est - is
et - and
étudiant - student
excellente - excellent
explorer - to explore
faire - to do
fais une fête - celebrate
faisons de la musculation -
(we) exercise
fait - does
famille - family
fanfare - band
fête - party
feu - fire
fille - girl
films - movies

fleurs - flowers
foncés / foncée - dark
foot - soccer
fort - strong
fraises - strawberries
français - French
frère - brother
gagne - earn
garçon - boy
gâteaux - cakes
géniale - fantastic
golf - golf
grand - tall
gros / grosse - fat/big
groupe de musique - band /
music group
guitare - guitar
gymnase – gym
habite - live
habite - lives
habitons - (we) live
hamburgers - hamburgers
histoire - history
hockey sur glace - ice
hockey
horreur - horror
idées - ideas
il - he
il n'aime pas - he doesn't
like
il/elle s'appelle - he/she is
called (his/her name is)
il y a - there is/are
ils - they
instrument - instrument
intelligent - intelligent
intéressant - interesting
j'ai - I have
j'aime - I like
j'écoute - (I) listen
je m'appelle - my name is
j'étudie - I study

j'habite - I live
japonais - Japanese
jardin - yard
jaune - yellow
je - I
je n'aime pas - I don't like
joue - play
joue - plays
jouent - (they) play
joyeux - happy
juin - June
l'alphabet - the alphabet
l'après-midi - the afternoon
l'eau - water
la - the
lac - lake
lapin - rabbit
le - the
légumes - vegetables
lent - slow
les - the
lettres - letters
leurs - their
lézard - lizard
lire - read
lit - reads
livre - book
longs - long
ma - my
mais - but
maman - mom
mange - (I) eat
manger - to eat
marcher - to walk
marron - brown
mars - March
matin - morning
meilleurs - best
merci - thank you
mère - mother
mes - my
miaou - meow

mince - skinny
moche - ugly
moi - me
mon - my
montagne - mountains
moyenne - average
muscles - muscles
musical - musical
nageons - (we) swim
nager - to swim
ne...pas - not
neuf - nine (9)
noirs - black
non - no
notre - our
nourriture - food
nous - we
novembre - November
nuage - cloud
nuit - night
offre - gives
ours - bears
papa - dad
parc - park
parce que - because
parle - speaks
participe - participates
peau - skin
peinture - painting
pendant - during
père - father
personne - person
petit - short
petite - short
petits gâteaux - cookies
photographe - photographer
photos - pictures /
photographs
piano - piano
pizza - pizza
pizzeria - pizzeria
plage - beach

plat - dish/food
plus - more
polyglotte - multilingual
populaire - popular
pour - for
préfère - prefer
préférée - favorite
prend - takes
prof - teacher
promènent - (they) walk
promenons - (we) walk
province - province
quarante-sept - forty-seven (47)
quatre - four (4)
quelles - what
quinze - fifteen (15)
réceptionniste - receptionist
recevoir - to get/receive
regarder - to watch
règles - rules
religieux - religious
rencontrer - to meet
restaurant - restaurant
rivière - river
romans - novels
romantique - romantic
roses - roses
s'embrassent - (they) kiss (each other)
s'enlacent - (they) hug (each other)
salle de bains - bathroom
salon - living room
salut - hi/good-bye
sculptures - sculpture
ses - his/her
shopping - shopping
ski - ski
sœur - sister
soir - evening
soleil - sun

sommes - (we) are
son - his/her
son anniversaire est le - his/her birthday is
sont - are
sortent - (they) go out
sportif - athletic
sports - sports
stricte - strict
suis - (I) am
Suisse - Switzerland
sur - on
surréaliste - surrealist
table - table
taille - size
tambour - drum
tes - your
tournez - flip
travaille - work
travaille - works
travailler - to work
trente - thirty (30)
très - very
tricoter - to knit
un - a
un - one
une - a
université - college/university
va - goes
vaisselle - dishes
vert - green
vie - life
vieilles - old
viens - come
vingt et un - twenty-one(21)
vingt-six - twenty-sixth (26)
vis - I live
vite - fast
vont - (they) go
voyager - to travel
yeux - eyes

ABOUT THE TRANSLATOR

Sabrina Gushue is a French teacher at an International Baccalaureate School in Northeast Ohio. She enjoys engaging her students with French music, stories and films as well as by exploring the cultural diversity of the francophone world. When not at school, she loves spending time with her family, exploring the outdoors and traveling.

ABOUT THE AUTHOR / ILLUSTRATOR

S. Camilla Bates is a Spanish teacher in a rural school in Western Colorado. She enjoys finding creative ways to engage her students including drawing awesome stick figures and writing books for them. When not at work, she can be found in the mountains camping with her family, hiking with friends, or cross-country skiing.

You can learn more about Camilla, her novels and her classes at her website www.smalltownspanishteacher.com

You can also follow Camilla on Facebook and Instagram @smalltownspanishteacher

Made in the USA
Monee, IL
25 April 2024

57480877R00039